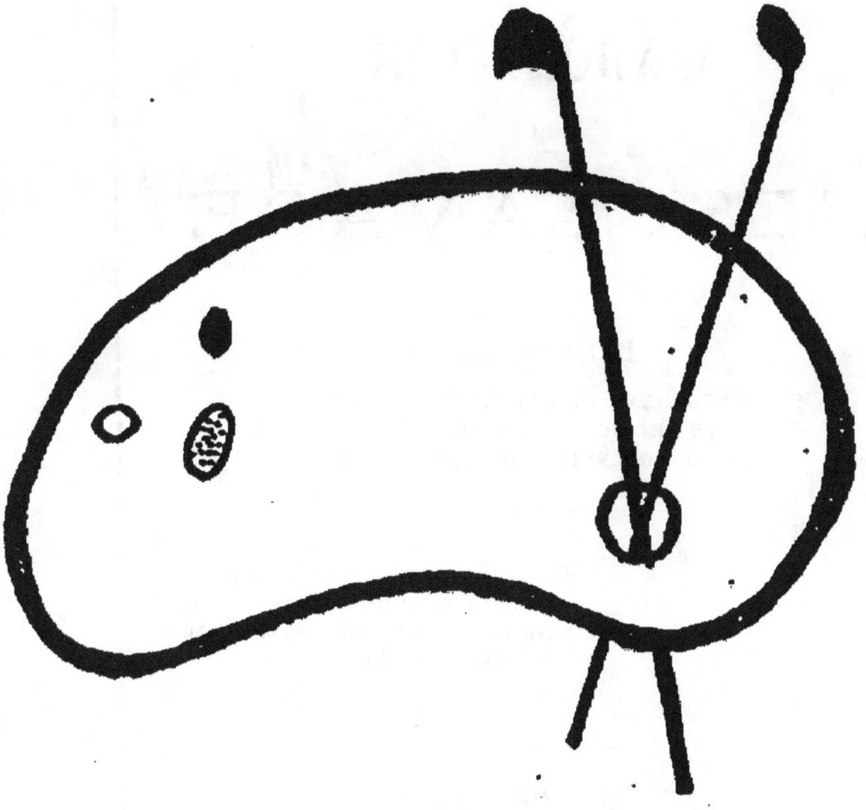

DEBUT D'UNE SERIE DE DOCUMENTS
EN COULEUR

MGR PERRAUD

ÉVÊQUE D'AUTUN, CHALON ET MACON

MEMBRE DE L'ACADÉMIE FRANÇAISE

L'ABOLITION

DE

L'ESCLAVAGE

DISCOURS

PRONONCÉ DANS LA CATHÉDRALE D'AUTUN,
LE DIMANCHE 7 JANVIER 1894,
EN LA SOLENNITÉ DE L'ÉPIPHANIE.

« Pour sauver l'Afrique intérieure,
» il faut soulever la colère du monde. »
(Le cardinal Lavigerie, conférence faite
à Bruxelles, 1888.)

SE VEND UN FRANC

AU PROFIT DE L'ŒUVRE ANTIESCLAVAGISTE

AUTUN

DEJUSSIEU PÈRE ET FILS, IMP. DE L'ÉVÊCHÉ

1894.

RÉCENTES PUBLICATIONS

DE Mgr L'ÉVÊQUE D'AUTUN

L'Autorité du Pape (3ᵉ édition, suivie d'une Lettre de S. S. le Pape Léon XIII).

Nos Morts du Dahomey.

Le cardinal Lavigerie, discours prononcés à Carthage et à Alger, le 19 avril et le 2 mai 1893.

Éloge funèbre du maréchal de Mac Mahon, prononcé dans la cathédrale d'Autun, le 22 novembre 1893.

Les autres œuvres pastorales et oratoires de Mgr Perraud se trouvent aux librairies de :

MM. Dejussieu père et fils, grande rue, Autun.
Henri Chapelliez, 29, rue de Tournon, Paris.
Henri Oudin, 10, rue de Mézières.....   id.
Charles Poussielgue, 15, rue Cassette,   id.

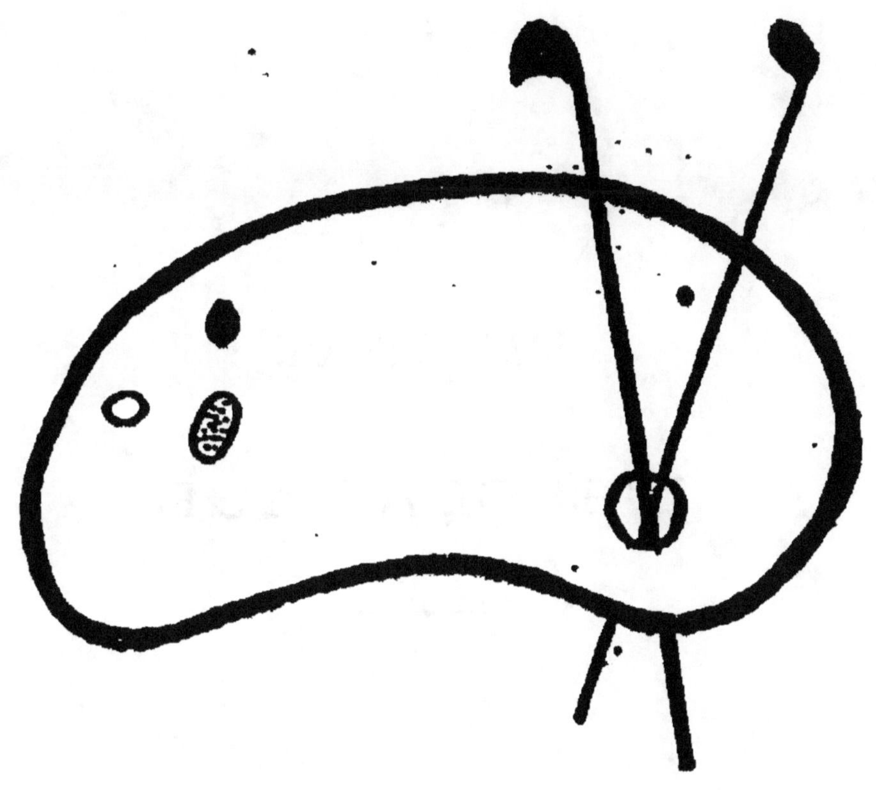

FIN D'UNE SERIE DE DOCUMENTS
EN COULEUR

L'ABOLITION

DE

L'ESCLAVAGE

RÉCENTES PUBLICATIONS
DE Mgr L'ÉVÊQUE D'AUTUN

L'Autorité du Pape (3ᵉ édition, suivie d'une Lettre de S. S. le Pape Léon XIII).

Nos morts du Dahomey.

Le cardinal Lavigerie, discours prononcés à Carthage et à Alger, le 19 avril et le 2 mai 1893.

Éloge funèbre du maréchal de Mac Mahon, prononcé dans la cathédrale d'Autun, le 22 novembre 1893.

Les autres œuvres pastorales et oratoires de Mgr Perraud se trouvent aux librairies de :

MM. Dejussieu père et fils, grande rue, Autun.
Henri Chapelliez, 29, rue de Tournon, Paris.
Henri Oudin, 10, rue de Mézières.....   id.
Charles Poussielgue, 15, rue Cassette,   id.

MGR PERRAUD
ÉVÊQUE D'AUTUN, CHALON ET MACON
MEMBRE DE L'ACADÉMIE FRANÇAISE

L'ABOLITION

DE

L'ESCLAVAGE

—+—

DISCOURS

PRONONCÉ DANS LA CATHÉDRALE D'AUTUN,
LE DIMANCHE 7 JANVIER 1891,
EN LA SOLENNITÉ DE L'ÉPIPHANIE.

—+—

« Pour sauver l'Afrique intérieure,
» il faut soulever la colère du monde. »
(Le cardinal Lavigerie, conférence faite
à Bruxelles, 1888.)

—+—

SE VEND UN FRANC

AU PROFIT DE L'ŒUVRE ANTIESCLAVAGISTE

—+—

AUTUN
DEJUSSIEU PÈRE ET FILS, IMP. DE L'ÉVÊCHÉ
1894.

L'ABOLITION

DE

L'ESCLAVAGE

—†—

Vox audita est lamentationis luctus et fletus : Rachel plorantis filios suos et nolentis consolari super eos, quia non sunt.

On a entendu des lamentations, des cris de douleur, des sanglots. C'était Rachel qui pleurait ses fils et refusait d'être consolée parce qu'ils avaient péri. (Jer. xxxi, 15.)

MES BIEN-AIMÉS FRÈRES,

L'évangéliste saint Matthieu applique ces paroles du prophète Jérémie à l'immense douleur qui fit explosion parmi les femmes de la Judée, lorsque Hérode eut donné l'ordre de faire périr tous les enfants âgés de moins de deux ans, comptant bien comprendre dans ce massacre général le nouveau-né de Bethléem qu'il regardait comme un compétiteur de son trône et un rival.

Si l'humanité chrétienne et civilisée était renseignée exactement sur les horreurs de l'esclavage africain, elle ferait entendre des gémissements plus pathétiques, des sanglots plus prolongés que ceux de Rachel ou des

2

mères du pays de Juda, pleurant sur ces pauvres petits que de farouches satellites étaient venus égorger jusque dans leurs bras et sur leur sein.

Il y a quelques jours, l'Église s'unissait par une fête spéciale à ce deuil maternel et elle célébrait le souvenir des saints Innocents. Aujourd'hui, dans la solennité de l'Épiphanie, elle nous invite à méditer avec elle sur la foi, l'intelligence, l'intrépidité, la piété, la générosité de ces mages venus du fond de l'Orient pour saluer le Messie et lui offrir ce qu'ils avaient de plus précieux dans leurs trésors. *Apertis thesauris suis, obtulerunt ei munera, aurum, thus, et myrrham.* [1]

Nous aussi, mes Frères, allons à ce divin Enfant : *Transeamus usque ad Bethlehem* [2]. Le prédicateur du jour de Noël [3] nous le disait, en résumant les grands enseignements donnés par saint Augustin à son peuple d'Hippone sur le mystère de la naissance temporelle de Jésus-Christ. Le Fils de Dieu, égal et coéternel à son Père, s'est comme anéanti lui-même et a voulu prendre la forme d'un esclave, pour nous racheter de toutes les servitudes : *Semetipsum exinanivit, formam servi accipiens!* [4]

C'est en l'honneur de cette adorable condescendance, et afin de seconder autant que je le puis faire les très apostoliques et charitables intentions du souverain Pontife, que j'ai eu la pensée de vous convoquer ce soir autour de cette chaire et de vous demander, à vous

---

1. Matth. ii, 11.
2. Luc, ii, 15.
3. M. l'abbé Léon Gaulhey, vicaire général d'Autun.
4. Phil. ii, 7.

aussi, d'ouvrir vos trésors comme les rois mages, pour les offrir à l'Enfant Jésus, dans la personne des pauvres esclaves du continent africain.

Aux jours déjà bien éloignés de ma jeunesse sacerdotale, une parole de nos saintes Écritures me donnait lumière, élan, courage, persévérance, pour plaider la cause de deux nations opprimées[1] et recommander aux sympathies chrétiennes de mon pays leurs épreuves et leurs persécutions.

Cette même parole a retenti dans les profondeurs de mon âme tandis que j'entendais le sermon du jour de Noël. Je l'ai accueillie avec un religieux respect. C'est pour lui obéir que je suis ici, parce qu'il est écrit : « Arrachez à la mort ceux qu'on y conduit, et ne vous » lassez pas de délivrer ceux qu'on traîne à leur perte : » *Erue eos qui ducuntur ad mortem et qui trahuntur ad* » *interitum liberare ne cesses.* »[2]

I

Le 5 mai 1888, Léon XIII écrivait aux évêques du Brésil pour féliciter leur pays et se réjouir avec eux de ce que l'esclavage venait enfin d'être aboli dans cette partie du continent américain.

Le Pape profitait de cette communication pour

1. L'Irlande et la Pologne.
2. Prov. xxiv, 11.

résumer d'abord à grands traits tout ce qui avait été fait par le christianisme et par l'Église, afin d'extirper cette plaie hideuse de l'esclavage, qui perpétue encore dans le monde une des plus détestables conséquences des idées et des mœurs païennes.

A quelle profondeur, sur ce point, avaient été perverties la raison et la conscience; on peut s'en faire une juste idée si on se rappelle qu'Aristote, — le très grand et très sage Aristote, — un des génies les plus vastes et les mieux équilibrés qui aient paru parmi les hommes, débute dans son livre fameux *de la Politique* par la déclaration suivante : « C'est la nature qui, par des vues de » conservation; a créé certains êtres pour commander et » d'autres pour obéir. C'est elle qui a voulu que l'être doué » de prévoyance commandât en maître, et que l'être » capable par ses facultés corporelles d'exécuter des » ordres obéit en esclave. »[1]

Ainsi, d'après ce prince de la philosophie, l'esclavage, comme la liberté, n'est que l'application d'une loi de nature.

Il est vrai. Il y eut des esclaves longtemps encore parmi les peuples que l'Évangile avait régénérés. Mais, sous l'influence de ses enseignements et de son action, s'il était encore possible de trouver des hommes privés de leur liberté naturelle et civile, les excès de la servitude antique avaient disparu. Les maîtres n'ignoraient pas que, pour demeurer chrétiens, ils devaient ne pas perdre de vue la doctrine prêchée par saint Paul; ne jamais oublier que, si les vicissitudes de la guerre ou

1. Aristote, *la Politique*, l. I, ch. I.

d'autres calamités, avaient fait tomber en leur pouvoir quelques-uns de leurs semblables, ceux-ci étaient deux fois leurs frères ; d'abord parce que tous, maîtres et esclaves, avaient pour Père commun le même Dieu créateur ; puis parce que, en Jésus-Christ, tous les baptisés ont les mêmes droits aux trésors de la vie surnaturelle et à cet héritage du ciel où, souvent, les plus petits et les plus humbles occuperont les meilleures places. [1]

En même temps, par ses Papes, par ses Conciles, par ses Ordres religieux, l'Église travaillait avec une énergique persévérance à l'affranchissement graduel et progressif des serfs et des esclaves.

Ce que saint Grégoire le Grand commençait avec tant de zèle et de charité à la fin du sixième siècle, d'autres Papes le poursuivaient après lui. Il suffit de nommer, aux douzième et treizième siècles, Alexandre III, Honorius III, Grégoire IX ; aux quinzième et seizième, Pie II et Léon X ; aux dix-septième et dix-huitième, Paul III, Urbain VIII, Benoît XIV ; enfin, dans le présent siècle, avec la même élévation dans les vues, la même vigueur dans le langage et dans les actes, Pie VII et Grégoire XVI. Le premier engageait les puissances réunies au congrès de Vienne, en 1815, à prendre des mesures décisives pour que la traite maritime des noirs fût complètement abolie. Le second adressait des reproches sévères à certains chefs d'États qui, sur ce point, avaient méconnu les droits de l'humanité.

Ce sera une des nombreuses et non certes des moindres

-1. Galates, III, 26-28 ; Colossiens, III, 11.

gloires du Pontificat de Léon XIII d'avoir repris solennellement cette question si douloureuse et d'avoir poussé un de ces « cris d'aigle » que Dieu demande parfois à ses prophètes de faire retentir au milieu des hommes, afin de réveiller les plus endormis : *In gutture tuo sit tuba quasi aquila super domum Domini.*[1]

Assurément, un grand progrès avait été accompli. L'ancienne traite des noirs, particulièrement destinée à recruter le travail agricole et industriel de l'Amérique, était abolie. L'effort scandaleux soutenu pendant quatre années au prix de tant de sacrifices d'hommes et d'argent par la moitié méridionale des États-Unis d'Amérique avait été maudit de Dieu.

Si, en 1860, dans un message officiel justement qualifié de « pièce la plus honteuse qu'aucun gouvernement ait osé présenter au monde depuis des siècles,[2] » un président de cette République avait osé qualifier la possession de l'homme par l'homme de « droit sacré de la propriété, » vers la fin de la guerre sanglante d'où les esclavagistes devaient sortir vaincus et humiliés, un de ses successeurs avait le mérite d'exprimer la contrition nationale dans le langage « le plus évangélique » que le chef d'aucun peuple ait jamais fait entendre » depuis que l'Évangile est sur la terre. »[3]

---

1. Osée, VIII, 1.
2. Le P. Gratry, la *Loi de la Morale et de l'Histoire*, t. I, p. 135.
3. Cette page est tout à la fois si belle, si honorable pour la nature humaine, si consolante, que j'aime à la remettre en lumière. Voici en quels termes s'exprimait le Président Abraham Lincoln :

« Malheur au monde à cause de ses scandales ! S'il faut que le scandale » arrive, malheur à l'homme par lequel le scandale arrive !

» S'il est vrai que cet esclavage d'Amérique est un de ces scandales inévi-

La suppression officielle de l'esclavage dans l'empire du Brésil consommait pour le continent américain cette œuvre de justice et d'humanité.

Mais en Afrique, le fléau destiné à fournir des esclaves aux pays mahométans continuait à sévir dans des proportions plus considérables et plus affligeantes encore.

Un mot rapporté par un célèbre explorateur anglais révèle avec une effrayante clarté ce qu'est le nègre aux yeux des musulmans : un être à peine supérieur à la bête, certainement inférieur à l'homme qui, loin d'être tenu par des devoirs envers lui, n'a que des droits illimités à exercer à son égard. « Dans l'Afrique orientale, dit » Livingstone, c'est le terme *bicho* (animal) qui est » appliqué aux esclaves, et vous entendez continuelle- » ment ces paroles « dites à l'animal de faire telle ou » telle chose. » Les propriétaires d'esclaves, en effet, ne » considèrent pas leurs nègres comme des hommes, et » leur jettent souvent à la tête qu'ils sont de la race des » chiens. »[1]

» tables pour un temps, il faut dire que ce temps est passé, et que Dieu a
» conduit le Sud et le Nord à cette terrible guerre comme châtiment de ceux par
» lesquels le scandale est venu. Qui osera murmurer contre la justice de Dieu ?
. » Nous désirons de toutes nos forces, et nous prions pour cela avec ferveur,
» que cette cruelle guerre touche bientôt à sa fin ! Cependant, si Dieu veut
» que ce grand fléau continue jusqu'à ce que toutes les richesses accumulées
» par deux cent cinquante ans du cruel travail de l'esclave aient été englouties,
» jusqu'à ce que chaque goutte de sang arrachée par le fouet soit payée par
» une goutte de sang découlant sous le glaive, nous ne pourrons nous plaindre
» et nous devrons encore le confesser : oui, les jugements du Seigneur sont
» justes ; les jugements du Seigneur sont vrais. » (Cité par le P. Gratry, même ouvrage, pp. 141 et 142.)

1. Livingstone, *Explorations dans l'intérieur de l'Afrique australe*, p. 130. (Cité par le cardinal Lavigerie dans la conférence faite à Saint-Sulpice au mois de juillet 1888.)

Ce n'est pas tout.

Au temps de l'ancienne traite, les colons américains avaient surtout besoin d'hommes robustes, aptes à fournir au service de leurs plantations une longue carrière de travail. Ce que les sectateurs de Mahomet recherchent particulièrement dans les marchés à esclaves, ce sont des femmes et des enfants. On en devine assez les inavouables raisons pour que je sois dispensé de les expliquer. Il y a des choses que la pudeur chrétienne interdit au prédicateur de l'Évangile de révéler du haut de la chaire, par respect pour les oreilles de ses auditeurs et pour ses propres lèvres. [1]

Il y a là, on le comprend, une aggravation presque incalculable des souffrances physiques et morales infligées aux populations du continent africain exploitées par les négriers.

Aussi, dans cette même Lettre aux évêques du Brésil, le Pape appuyé sur les témoignages nombreux et identiques des voyageurs de toute nation et de toute religion qui, depuis un quart de siècle, ont exploré l'Afrique centrale, traçait un tableau saisissant des crimes et des douleurs sans nom auxquels donne lieu la chasse aux esclaves.

Il terminait en adressant un double appel aux chefs d'État et aux missionnaires de l'Évangile.

Il adjurait les premiers d'avoir égard à ses exhortations et à ses prières : *Hortantibus, rogantibus Nobis*, et d'unir leurs efforts pour réprimer, empêcher, abolir ce

---

1. Nec turpitudo nominetur in vobis (Eph. v, 4).

qu'il pouvait appeler. sans exagération « le plus honteux » et le plus criminel de tous les trafics. »[1]

Quant aux hommes voués à l'apostolat, il leur demandait de prendre tous les moyens possibles « pour procurer le salut et la liberté des esclaves. »[2]

Peu de jours après la publication de la Lettre pontificale, un de ces hommes apostoliques se présentait devant le Pape, escorté de plusieurs nègres rachetés par la charité des missionnaires : c'était le cardinal Lavigerie. Léon XIII prenait occasion des paroles que lui avait adressées l'illustre et vaillant primat de l'Église d'Afrique pour exprimer de nouveau sa tendre compassion à l'égard des victimes de l'esclavage et sa résolution de tenter en leur faveur un grand effort.

« Dès le début de Notre Pontificat, disait le Pape, » Nos yeux se sont portés vers l'Afrique, cette terre » déshéritée. Notre cœur s'est ému au spectacle des » innombrables misères physiques et morales dont elle » est le théâtre.

» ...... Ce qui, par-dessus tout, n'a cessé de remplir » Notre âme de tristesse et de commisération, c'est la » pensée de ce grand nombre de créatures humaines, » réduites par la force et la cupidité à un esclavage » honteux et dégradant.....

» Nous recommandons à tous les missionnaires qui » prêchent le saint Évangile dans cette terre d'Afrique

---

1. Utinam omnes, quicumque imperio et potestate antecedunt..... hortantibus, rogantibus Nobis, ad ejusmodi mercaturam, qua nulla inhonesta magis et scelerata, comprimendam, prohibendam, extinguendam enixe conspirent.

2. Contendant viri apostolici ut, quoad melius fieri possit, sit saluti servorum libertatique consultum.

» de consacrer toutes leurs forces, leur vie même, à
» cette œuvre de rédemption. »

Mais quoi! Si la parole du Pape n'est pas liée ; si, partie de Rome, elle va, presque aussi rapide que l'éclair électrique, jusqu'aux confins du monde : *In omnem terram exivit sonus eorum* [1], sa personne sacrée n'est-elle pas deux fois captive?

Elle l'est d'abord des devoirs généraux de son Pontificat suprême qui lui impose l'obligation de demeurer immobile au centre de la catholicité, où aboutissent toutes les affaires de l'Église. Il est placé là comme la sentinelle qui doit surveiller sans relâche tous les points de l'horizon : *Super custodiam meam ego sum* [2]. A supposer même que, de nos jours, le pouvoir souverain de la Papauté s'exerçât dans les conditions normales, on ne se représente guères un Pape allant de sa personne visiter l'Amérique, l'Océanie, l'Afrique, et se rendre compte par lui-même des besoins de son immense troupeau.

Mais à cette captivité hiérarchique, constitutionnelle, inévitable, résultant de l'essence même de son ministère œcuménique et de sa servitude incessante à l'égard de toute l'Église, s'en est ajoutée une autre depuis bientôt un quart de siècle. Il ne sied guères, en effet, aux Pontifes romains d'essayer de franchir l'étroite enceinte de ce palais du Vatican au-delà de laquelle ils sembleraient se constituer les sujets du gouvernement même qui les a dépouillés de leur principauté territoriale.

1. Ps. xviii, 5.
2. Is. xxi, 8.

Cependant, la croisade pour l'abolition de l'esclavage étant décidée, il fallait quelqu'un pour en prendre la direction effective sous le contrôle supérieur du Chef de l'Église.

Le même Dieu qui avait suscité Isaïe pour porter au peuple d'Israël les ordres du Tout-Puissant mettait précisément en face de Léon XIII l'homme le plus propre à réaliser ses desseins et à seconder cette grande entreprise.

Du haut de son trône, environné de chérubins, le Seigneur avait dit : « Qui enverrai-je? Qui sera mon messager? *Quem mittam, et quis ibit nobis?*[1] » Et tout aussitôt le prophète avait répondu : « Me voici, envoyez-moi : *Ecce ego, mitte me.* »[2]

Ainsi fut fait entre le représentant visible de Dieu parmi les hommes et le grand apôtre de la terre africaine.

Sans retard, le cardinal se mettait en route. Quelques semaines seulement après sa réception au Vatican, il avait parcouru les principales villes de l'Europe, Paris, Londres, Bruxelles, Naples, Rome, Milan, et partout il avait redit les appels de Léon XIII. On l'écoutait, on s'instruisait, on pleurait, on s'indignait, on s'enthousiasmait, on s'inscrivait pour de généreux sacrifices.

L'attention de l'Europe était éveillée, et par conséquent celle du monde. Avec l'attention, l'émotion gagnait de proche en proche. La presse, capable de faire tant de mal, quand elle répercute les mauvaises doctrines, secondait de sa merveilleuse puissance l'apos-

1. Is. vi, 8.
2. Id. ib.

tolat du cardinal. Elle portait jusqu'au-delà des mers ses descriptions pathétiques ; elle envoyait partout l'écho de ses vibrantes exhortations.

Cette course haletante où, sans prendre aucun repos, sans tenir compte ni de l'âge, ni des infirmités, le lieutenant de Léon XIII dépensait sans compter son temps, sa parole, ses forces, sa personne tout entière, devait abréger sa carrière terrestre. Mais, je vous le demande, mes Frères, quelle plus évangélique manière d'employer les dons de l'existence et de se préparer à l'épreuve redoutable de la mort que de se consumer dans l'exercice d'un tel ministère ? En vérité, suivant la belle parole de saint Paul, le cardinal Lavigerie a « donné » ce qu'il avait et s'est donné lui-même » pour cette malheureuse race nègre dont il a décrit les épreuves et plaidé les droits avec une éloquence qui ne sera jamais surpassée. *Libentissime impendam et superimpendar ipse.* [1]

Il y a huit mois, à Carthage et sur le tombeau même de cet héroïque ouvrier de l'Évangile, puis quelques jours après, à Alger, je payais à sa mémoire la dette de l'Église et de la France et je rappelais ce qu'il avait fait pour seconder les magnanimes pensées de Léon XIII et travailler avec lui à la destruction de l'esclavage africain. J'adressais alors à l'immense auditoire qui se pressait autour de moi une exhortation sur laquelle je reviens aujourd'hui, et que, avant tout autre, je me répète à moi-même : « Il faut, disais-je, que cette » œuvre nécessaire se poursuive jusqu'à son complet

1. II Cor. xii, 15.

» achèvement. Il y va de l'honneur des nations civili-
» sées. Plus que cela, il y va de l'honneur de notre foi.
» Il ne se peut que la postérité soit autorisée à dire
» qu'après un effort si vigoureux tenté par un Pape et
» conduit sous son impulsion par un des plus intelli-
» gents et intrépides évêques de ce siècle, les nations
» qui sont redevables à l'Évangile de toutes leurs libertés
» seront retombées dans l'indifférence de l'égoïsme et
» auront pris leur parti de l'insolente audace avec
» laquelle se poursuit encore sous leurs yeux l'infâme
» trafic d'un si grand nombre de créatures humaines. »[1]

En fait, quels ont été les résultats de cette campagne menée avec tant de vigueur? Où en est actuellement la question de l'esclavage?

II

Je le disais tout à l'heure. Vers la fin de sa Lettre du 5 mai 1888, Léon XIII avait exhorté, prié les chefs des gouvernements civilisés « d'unir leurs efforts pour » réprimer, empêcher, abolir le criminel trafic » des nègres.

Qu'ont fait ces gouvernements?

Ils ont accueilli l'invitation du Pape et ils ont agi. J'éprouve à le dire une grande consolation, naturelle et surnaturelle. Homme, je suis sensible à tout ce qui honore l'humanité. Chrétien, prêtre, évêque, membre de

---

1. *Le cardinal Lavigerie.* Discours prononcés à Carthage et à Alger le 19 avril et le 2 mai 1893, p. 83.

la sainte Église catholique, je suis fier de constater que, dans ce temps d'indifférence, de scepticisme, et même d'opposition presque universelle à la religion, la voix du Vicaire de Jésus-Christ a été écoutée avec respect et prise en considération par les hommes placés à la tête des pouvoirs publics dans les divers pays du monde. Voici, mes chers Frères, ce qui se passait à Bruxelles le 2 juillet 1889.

Les représentants dûment autorisés de dix-sept États de l'Europe, de l'Asie, de l'Amérique et de l'Afrique signaient un acte collectif qui méritera d'être gardé dans les archives générales de l'histoire de la civilisation, à côté du message d'Abraham Lincoln [1]. J'en citerai textuellement le préambule :

« Au nom de Dieu tout-puissant, les États soussignés » se déclarent également animés de la ferme volonté » de mettre un terme aux crimes et aux dévastations » qu'engendre la traite des esclaves africains, de pro- » téger efficacement les populations aborigènes de » l'Afrique et d'assurer à ce continent les bienfaits de » la paix et de la civilisation.

» En conséquence, ils ont adopté les dispositions qui » suivent....... » [2]

Ces dispositions formaient sept chapitres, répartis en cent articles.

On peut dire que les plénipotentiaires avaient envisagé la question de l'esclavage sous tous les aspects

---

1. Voir plus haut, p. 8.

2. Le texte intégral de l'acte de la conférence de Bruxelles a été reproduit dans le *Bulletin n° 15* de la Société antiesclavagiste de France, pages 156 à 171.

par lesquels elle était accessible à une intervention des gouvernements.

— Avant tout, empêcher, et quand ce ne serait pas possible, réprimer de vive force les razzias organisées au centre de l'Afrique par les négriers qui dépeuplent des territoires entiers pour capturer et emmener au loin leur marchandise humaine ;

— Connaître l'itinéraire des routes ordinairement suivies par les caravanes d'esclaves, afin de les poursuivre, de les arrêter, et, en cas de succès, de châtier les chefs et de rendre les captifs à la liberté ;

— Surveiller avec soin les ports d'embarquement et tous les bâtiments indigènes autorisés par des conventions particulières à se couvrir du pavillon de telle ou telle puissance, et déterminer les conditions dans lesquelles le droit de visite serait exercé à l'égard de tout bâtiment suspect ;

— Reporter cette même surveillance aux ports d'arrivée pour les pays où l'esclavage n'est pas encore légalement aboli ;

— Établir à Zanzibar un bureau international maritime chargé de renseigner, sur tous les faits relatifs à la traite des noirs, les gouvernements signataires de l'acte et associés pour la suppression de l'esclavage ;

— Enfin, compléter ces dispositions préventives ou répressives par d'autres mesures non moins urgentes et sans lesquelles aucun résultat sérieux ne pourrait être obtenu, c'est-à-dire soumettre à des conditions précises et sévères la vente des armes à feu et le commerce des spiritueux à l'intérieur du continent africain.

Tel est, en substance, l'acte de la conférence de

Bruxelles auquel participèrent la plupart des puissances civilisées du globe. [1]

Assurément, si jamais les relations de peuple à peuple se sont traduites par la résolution commune de faire servir l'influence de la politique et les ressources matérielles des finances et de la guerre à la répression des crimes de lèse-humanité, ce fut bien en ce jour du 2 juillet 1889 où, sous les auspices de la créature bénie [2], choisie par Dieu pour donner au monde Celui qui devait « racheter les captifs et consoler les affligés [3] » fut signé ce pacte de justice et de miséricorde. Le cardinal Lavigerie a dit de cet Acte qu' « il portait dans ses flancs la » mort de l'odieux esclavage et qu'il resterait dans l'his- » toire le plus grand et le plus pur honneur de la fin » de ce siècle. »

Je reprends pour mon compte ce témoignage si autorisé et je dis de toute mon âme : Honneur, éternel honneur, à ceux d'abord qui en ont eu l'initiative; puis à ceux qui ont accepté d'y coopérer; enfin, à ceux qui s'emploient à en assurer l'exécution. Il convient bien de leur envoyer une part de la bénédiction précieuse que, dans leur reconnaissance, appelaient sur Job les orphelins, les veuves, les malheureux, les opprimés dont il s'était constitué le défenseur : *Benedictio perituri veniebat super me !* [4]

---

1. Il est juste de remarquer que parmi elles figurent trois États musulmans, la Turquie, la Perse et Zanzibar ; six protestants, l'Allemagne, l'Angleterre, le Danemark, la Suède, la Hollande, les États-Unis d'Amérique ; un schismatique, la Russie. Les nations catholiques étaient représentées par la France, la Belgique, l'Autriche, l'Italie, l'Espagne et le Portugal.

2. Le 2 juillet, fête de la Visitation de la sainte Vierge.

3. Isaïe, LXI, 1.

4. Job. XXIX, 13.

Eux aussi, — j'allais presque dire eux surtout, — mes Frères, ont droit à recevoir cette bénédiction, Les hommes intrépides, animés par le dévouement le plus chevaleresque et le plus chrétien qui, sous l'impulsion du cardinal Lavigerie, sans attendre le résultat des démarches et des mesures officielles concertées entre les gouvernements, se sont portés de leurs personnes avec de petites troupes recrutées par leurs soins, et à l'aide des ressources fournies par les comités antiesclavagistes dans les territoires les plus cruellement exploités par les pourvoyeurs de l'esclavage. En plus d'une rencontre déjà, ils ont pu réprimer d'abominables excès. Ils ont ainsi donné une idée des résultats que l'on pourrait obtenir, et que l'on obtiendra certainement, le jour où les gouvernements signataires de l'Acte de Bruxelles mettront sur pied des forces proportionnées à l'étendue et à l'intensité du fléau qu'il s'agit d'extirper. Je saluerai tout particulièrement ici le capitaine Jacques qui appartient à la nation Belge, et notre compatriote le capitaine Joubert.

Ces deux noms reviennent souvent dans les relations envoyées d'Afrique soit par les missionnaires des régions équatoriales, soit par les agents des puissances, et, en particulier, par ceux des vastes régions sur lesquelles la Belgique exerce un protectorat effectif.

Mais ces mêmes relations prouvent avec évidence que si d'importants résultats ont été obtenus depuis 1888, ce serait une déplorable illusion de croire que l'œuvre de l'abolition de l'esclavage est accomplie et qu'il n'est plus nécessaire de diriger de ce côté les préoccupations, les efforts, les sacrifices de tous ceux qui ont pris à cœur de la résoudre conformément aux principes éternels de la justice et de la charité. La vérité est que cette magnifique, nécessaire, mais très difficile entreprise en est à peine à ses débuts, et qu'elle réclame plus que jamais le concours de tous les bons vouloirs et de tous les dévouements.

III

Il était facile de prévoir, et cela n'a pas manqué d'arriver, que les démarches faites dans le monde civilisé et chrétien pour mettre un terme au criminel scandale de la traite des noirs, non seulement ne décourageraient pas les pourvoyeurs des marchés à esclaves, mais, tout au contraire, surexciteraient leur fanatisme et leur cupidité.

Leur fanatisme d'abord.

Outre les intérêts commerciaux engagés pour eux dans cette chasse à l'homme, ces trafiquants, presque tous arabes et musulmans, ont vu dans la croisade organisée sous la haute direction d'un Pape, une nouvelle phase de la lutte séculaire de la croix de Jésus-Christ contre le croissant de leur prétendu prophète.

Leurs devanciers des onzième, douzième, treizième siècles n'avaient rien épargné pour empêcher les chrétiens d'arracher à leur domination Jérusalem et le saint Sépulcre.

Ils entendent bien, eux aussi, lutter par tous les moyens contre une intervention qui porterait une

atteinte décisive aux mœurs créées par l'islamisme.
Aussi, les revendications plus énergiques formulées
depuis six ans en faveur de la liberté des nègres, ont
attisé davantage les vieilles haines inspirées par le
Coran à ses sectateurs contre tout ce qui porte le nom
chrétien et rendu plus âpres les exigences des passions
sensuelles encouragées par le mahométisme et aux-
quelles l'esclavage est chargé de pourvoir.

Avec le fanatisme, la cupidité mercantile, qui se
sentait menacée, a redoublé d'audace et d'activité.

Les négriers du centre de l'Afrique se sont dit, non
sans raison, qu'il faudrait plusieurs années aux gouvernements confédérés avant d'avoir pu organiser une
répression sérieusement effective de leurs brigandages,
et ils se hâtent de profiter du répit qui leur reste pour
activer leurs opérations et multiplier leurs profits avec
leurs attentats.

Il faut donc bien se garder de croire que les déclara-
tions faites en 1889 par les États signataires de l'Acte
de Bruxelles ont, par elles-mêmes, mis un terme à l'iné-
narrable passion de la race nègre. Cela ne pouvait pas
être, cela n'est pas; et, je le répète, on devait s'attendre
au contraire à une recrudescence au moins momen-
tanée du mal.

Il suit de là que les chiffres, presque incroyables, et
les terrifiants détails donnés par le Pape dans sa Lettre
aux évêques du Brésil et par le cardinal Lavigerie dans
ses discours et conférences sur la question de l'esclavage
sont encore aujourd'hui d'une lamentable exactitude.

« Savez-vous, chrétiens, disait le cardinal, à l'église
» de Saint-Sulpice de Paris, le 1ᵉʳ juillet 1888, savez-

» vous combien la traite musulmane vend d'esclaves
» depuis dix ans dans l'intérieur de l'Afrique? Je ne
» vous donne pas seulement le chiffre de mes mission-
» naires. Il est de quatre cent mille par année. Je vous
» donne celui de Cameron (explorateur anglais et
» protestant), lequel est au minimum, d'après lui, de
» cinq cent mille. Vous entendez, *cinq cent mille*
» esclaves vendus chaque année sur les marchés de
» l'intérieur africain. »

Mais ce chiffre, si énorme qu'il soit, doit encore être augmenté, parce qu'il faut tenir compte de l'écart qui existe entre le nombre des captifs emmenés loin de leur pays et le nombre des esclaves effectivement vendus sur les marchés publics. Aussi, en se référant au témoignage du même voyageur, le cardinal disait encore :

« Cameron rapporte que, pour se procurer cinquante
» femmes qu'il devait vendre, un de ces tigres a détruit,
» près de lui, dix villages inoffensifs qui comptaient
» chacun en moyenne deux cents âmes et massacré tous
» leurs habitants. Si, dans les autres régions où la chasse
» à l'homme s'exerce, la proportion était la même, cela
» ferait deux millions de noirs mis à mort, ou vendus
» chaque année, et, en cinquante ans, ce serait la dépo-
» pulation totale de l'Afrique intérieure. »

Cependant, j'en conviens, il est difficile, sinon impossible, de dresser avec une exactitude mathématique le bilan de cette dévastation sanglante de toute une race. Ici, les chiffres peuvent seulement être approximatifs. Mais, si l'on veut se rappeler ce qui se passe chaque jour dans l'organisation et la marche des convois d'esclaves, depuis le point de départ jusqu'au point d'arrivée, on

arrive aisément à se rendre compte de l'effrayant gas-
pillage de vies humaines qu'entraîne chacune de ces
expéditions.

Combien d'indigènes d'abord périssent dans les
villages auxquels les négriers mettent le feu pour terro-
riser les populations et saisir tous ceux qui ne parviennent pas à se dérober par la fuite aux pièges qui leur
sont tendus ?

Après l'incendie et le pillage, les féroces trafiquants
s'empressent d'emmener leurs captifs et de prendre
leurs mesures pour les empêcher de s'évader.

Aux hommes qui paraissent les plus vigoureux, on
attache les mains et quelquefois les pieds, de telle sorte
que la marche leur devient un supplice. Souvent même,
par surcroit de précautions, on enferme un certain
nombre d'entre eux dans des cangues à compartiments.
Les têtes seules passent, et la machine qui porte sur
les épaules rend tous ces malheureux solidaires des
mouvements, des attitudes des plus robustes d'entre
eux. Si la fuite est impossible dans de pareilles conditions, le sommeil ne l'est pas moins.

Ceux qui tombent en route et ne paraissent plus
avoir de forces suffisantes pour aller plus loin, sont
assommés sur place. A quoi bon les garder ? La très
chétive pitance qu'on leur distribue par jour serait encore
dépense perdue, et les marchands d'esclaves savent
compter. Ils ont d'ailleurs l'expérience du déchet inévitable que subit chaque caravane, et comme l'humanité
n'entre pour rien dans leurs calculs, ils ne se font
aucun scrupule de se débarrasser de tous ceux des captifs que leur état de faiblesse empêche de pouvoir être

amenés sur les marchés ou jusqu'aux ports d'embarquement, et dont il n'y a aucun profit à espérer.

Dans une des récentes relations écrites par les Pères blancs qui évangélisent les régions de l'Afrique équatoriale, un d'eux raconte que l'on vit un jour passer dans un des villages de la mission un convoi d'environ deux mille esclaves.

En se dépouillant de tout ce qui ne leur était pas strictement indispensable, les missionnaires réunirent une certaine somme et entrèrent en négociations avec le chef de la caravane. Ils purent ainsi acheter trois cent cinquante et un esclaves qu'ils rendirent à la liberté. Dans le nombre se trouvaient quarante enfants dont la plupart portaient aux bras et aux cuisses des cicatrices de brûlures. C'était le châtiment dont les négriers faisaient usage pour punir les incartades des jeunes captifs ou réprimer leurs tentatives d'évasion.

Les nègres rachetés racontèrent aux Pères que lorsque la caravane avait commencé à se mettre en marche, les prisonniers étaient bien plus de deux mille. Mais le négrier en chef craignait sans doute d'être poursuivi et atteint par une de ces petites troupes belges ou françaises qui font dans ces régions des prodiges de vaillance pour arrêter et châtier les marchands d'hommes. Aussi, trouvant trop lente et compromettante pour sa sûreté la marche de son bétail humain, il profita du passage d'une rivière pour y noyer un grand nombre de femmes âgées et de petits enfants. Puis comme, malgré cet allégement de lest, les survivants, accablés par les fatigues, les privations ou les maladies, n'allaient pas encore d'un pas assez rapide au gré des chefs, ceux-ci en tuaient de dix à cinquante par jour. [1]

Aussi, comme les requins suivent le sillage des navires, tout prêts à dévorer tout ce qui tombe à l'eau, les hyènes et autres animaux féroces fréquentent les routes suivies par les caravanes et trouvent abondamment à se repaître. C'est encore aux abords des villes où se tiennent les marchés que ces scènes sanglantes se multiplient. Si, par les renseignements qu'il se procure, le marchand a lieu de penser qu'il y a déjà encombrement de la marchandise noire, que l'offre l'emportera sur la demande, et que de nourrir des esclaves dont il ne trouvera pas le débit sera dépenser de l'argent en pure perte, il les tue.

Un missionnaire demandait un jour à un arabe trafiquant d'Oujiji [2] pourquoi tant de cadavres de nègres demeuraient amoncelés dans le cimetière de cette ville. L'arabe lui répondit, comme la chose la plus naturelle du monde : « Nous avions l'habitude de jeter en cet » endroit les cadavres de nos esclaves morts, et chaque » nuit les hyènes venaient les emporter. Mais cette » année, le nombre des morts est si considérable que » ces animaux ne suffisent plus à les dévorer. ILS SE » SONT DÉGOUTÉS DE LA CHAIR HUMAINE. » [3]

Il faudrait parler aussi des nègres que, en dépit de la surveillance récemment organisée par les gouverne-

---

1. Bulletins de la Société antiesclavagiste de France, n° 21.

2. Ville située sur la rive orientale du lac Tanganika, un peu au-dessus du 3° degré de latitude Sud.

3. Cité par le cardinal Lavigerie dans sa conférence de Sainte-Gudule à Bruxelles.

ments confédérés, les marchands parviennent à embarquer d'une façon clandestine pour aller les vendre dans quelque port d'Asie. Tout récemment, un steamer anglais réussit à capturer un navire arabe qui portait notre pavillon et emmenait au golfe Persique des esclaves du port de Zanzibar. Une écoutille ayant été ouverte, on s'aperçut qu'elle couvrait une chambre secrète de quelques pieds carrés. Dès qu'on l'ouvrit, une cinquantaine d'esclaves, garçons et filles, étendirent leurs mains, suppliant qu'on leur donnât de l'air, de la nourriture et de l'eau. Il est vraisemblable que ces infortunés n'avaient été enfermés là que jusqu'à ce que le navire eût atteint la pleine mer. Mais, même alors, et la barque n'eût-elle pas été capturée, un grand nombre de ces esclaves auraient succombé à leurs terribles privations. [1]

Mais, au témoignage des autorités les plus compétentes, pour un esclave libéré par les navires qui font la croisière et exercent le droit de visite, il y en a au moins vingt que les négriers réussissent à emmener en contrebande. Ainsi, deux cents esclaves ayant été capturés en un mois, on peut estimer qu'il y en a eu environ quatre mille exportés de Zanzibar et des ports voisins, ce qui, pour une année, représente un chiffre de quarante à cinquante mille enlevés à l'Afrique. [2]

Vous voyez, mes chers Frères, si j'avais raison, au

---

1. Rapport de M. Allen, secrétaire de la Société antiesclavagiste d'Angleterre. (Bulletins nᵒˢ 26 et 27 de la Société antiesclavagiste, p. 173.) M. Allen ajoute que, dans ce cas, toutes les dispositions de l'Acte de Bruxelles ont été loyalement exécutées par la France.

2. Id., ib., ib.

commencement de ce discours, de répéter la mélanco-
lique parole de Jérémie redisant « les lamentations, les
» sanglots, le deuil » des mères qui ont perdu leurs
enfants : *Vox lamentationis et luctus et fletus Rachel
plorantis super filios suos.*

Et encore, c'est à peine si j'ai indiqué les tortures
morales infligées aux malheureuses créatures qui sont
les victimes de l'esclavage. Comme nous, elles ont des
âmes qui pensent, des cœurs qui sentent et sont capables tout à la fois de joies et de douleurs. Essayez de
vous représenter, s'il est possible, ce qu'éprouvent de
désolation inconsolable ces époux que l'on sépare à tout
jamais l'un de l'autre ; ces pères et ces mères sous les
yeux desquels on tue leurs enfants; ces enfants qu'on
arrache violemment à leurs mères pour les vendre à des
étrangers, et dites, s'il ne faudrait pas la sombre muse
du chantre de l'Enfer pour exprimer une telle accumu-
lation de souffrances et de désespoir. « Un bruit terrible
» rompit le profond sommeil qui pesait sur ma tête et
» je tressaillis comme un homme qu'on réveille en
» sursaut. Je me trouvais sur les bords de la doulou-
» reuse vallée de l'abime, d'où montent mille plaintes
» formant une clameur immense. »[1]

Oh! oui! chrétiens, réveillons-nous! écoutons! com-
patissons à ces cris lamentables qui, des profondeurs du
continent africain, montent vers nous, et prenons la
résolution de faire quelque chose pour nos malheureux
frères.

1. Dante, *Inf. canto* iv.

Quels peuvent être les moyens pratiques de leur venir en aide ?

Premièrement, il est à souhaiter que les gouvernements signataires de l'Acte de Bruxelles ne se relâchent ni de leur surveillance ni de leurs démarches pour arrêter, réprimer, empêcher la traite des noirs, et faire sentir aux trafiquants d'esclaves ce que c'est que la force au service du droit.

Secondement, il faut que la générosité avec laquelle seront données les aumônes que le Pape a prescrit de solliciter et de recueillir dans toutes les églises de la chrétienté [1], permette de venir plus efficacement en aide, d'abord aux hommes intrépides qui luttent les armes à la main dans les régions exploitées par les marchands d'esclaves pour leur arracher leur proie et les décourager de recommencer leurs criminelles expéditions ; puis aux missionnaires qui rachètent des captifs lorsque leur ministère les met en contact avec les convois de nègres conduits depuis l'intérieur des terres jusqu'aux ports d'embarquement.

Troisièmement enfin, et c'est là le vrai nœud de la question, il importe de seconder par tous les moyens qui sont en notre pouvoir l'évangélisation de la race nègre. C'est par là seulement que l'on aura définitivement raison de l'esclavage.

C'est ce qu'a très bien mis en relief, dans un mémoire demeuré malheureusement inédit, un savant dont les travaux font le plus grand honneur à l'Université et n'ont

---

1. Lettres apostoliques du 20 novembre 1890.

pas peu contribué à fixer l'attention publique sur l'existence et l'extension de l'esclavage africain. [1]

L'auteur établit par les plus solides arguments : 1° que la traite des noirs pratiquée actuellement en Afrique par les musulmans, est la suite de la traite des blancs, à laquelle l'islamisme s'est livré pendant plusieurs siècles dans tous les pays riverains de la Méditerranée.

2° Que pour arrêter efficacement la traite africaine, il faut civiliser par le christianisme les populations indigènes aux dépens desquelles s'exerce la chasse à l'homme et les rendre capables d'organiser une défense sérieuse contre les razzias périodiques des négriers.

En effet, et il est aisé de le comprendre, tant à cause du climat que des dépenses énormes nécessitées par l'envoi de troupes européennes à une si grande distance et à travers des obstacles de toute nature, il sera toujours très difficile aux gouvernements confédérés de concentrer dans l'Afrique centrale des forces suffisantes pour écraser l'esclavagisme et l'empêcher de renaître. Aussi, et indépendamment des motifs surnaturels de foi qui doivent porter tous les chrétiens à souhaiter et à procurer la grâce du baptême à tant de millions de nègres encore plongés dans les ténèbres de l'idolâtrie, la conversion de ces peuples à l'Évangile paraît être le moyen

1. En 1870, M. Berlioux, alors professeur d'histoire au lycée de Lyon, et depuis professeur de géographie à la Faculté des Lettres de la même ville, avait publié un volume intitulé la *Traite orientale, Histoire des chasses à l'homme organisées en Afrique depuis quinze ans.* (Paris, 1870, Guillaumin, rue Richelieu, 14.) Je souhaite très fort que l'on fasse violence à la modestie de cet écrivain et qu'on le décide à publier le manuscrit dont il avait bien voulu m'autoriser à prendre connaissance il y a cinq ans.

le plus assuré de garantir leur liberté contre la rapacité cruelle des marchands d'esclaves.

On a cru beaucoup trop longtemps que les populations du centre de l'Afrique étaient plongées dans une sorte d'abrutissement voisin de la bestialité et qu'il était inutile de rien tenter pour les élever à un niveau supérieur. Ce que nous savons, surtout depuis dix ans, des nègres évangélisés avec un zèle si admirable par les missionnaires du cardinal Lavigerie, prouve précisément tout le contraire et de la façon la plus victorieuse. Nos apôtres ont trouvé là un peuple ayant encore gardé les meilleurs instincts de l'ordre naturel, accessible à des sentiments élevés, capable de recevoir une instruction religieuse et d'en profiter. Qu'on relise les actes des martyrs de l'Ouganda, dressés en 1886 par les témoins les plus dignes de foi[1], on sera émerveillé et ému de l'intelligence, de la présence d'esprit, de l'élévation d'âme, du courage déployés au milieu des tourments par des néophytes qui venaient à peine d'être initiés à la vie chrétienne. Ces généreux confesseurs de la foi ont écrit là, par leurs souffrances et par leur sang, des pages dignes d'être mises en parallèle avec ce que les premiers siècles de l'Église nous ont laissé de plus beau, et reportent l'esprit au temps des Ignace d'Antioche, des Cécile, des Cyprien, des Félicité et des Perpétue.

Cette race est donc parfaitement susceptible de culture intellectuelle et morale. Or, quand le travail de la prédication et des conversions sera fait sur une plus grande échelle, on verra se renouveler au centre du

---

1. Voir les *Bulletins des Missions d'Afrique*, numéros 62, 64, 65

continent africain ce qui a eu lieu en Europe au quatrième siècle. Ces tribus des Francs, des Burgondes, des Goths, qui vivaient presque à l'état sauvage dans leurs forêts, se sont civilisées, disciplinées, assouplies quand elles ont été mêlées au divin ferment de l'Évangile : et, avec le cours du temps, elles sont devenues ces peuples modernes qui se sont mis à la tête du mouvement général de la civilisation. Des résultats analogues, sinon tout à fait semblables, seront obtenus en Afrique lorsque les idées, les usages, les mœurs qui ont partout suivi la conversion des infidèles au christianisme auront développé les qualités natives des populations indigènes. Il pourra suffire alors qu'elles soient guidées dans leurs efforts par un petit nombre d'Européens. Mais, du moins, elles ne seront plus, comme de pauvres troupeaux sans défense, livrées aux invasions meurtrières et périodiques des trafiquants arabes. Que le zèle de nos missionnaires, secondé par les pieuses libéralités des catholiques du monde entier, fasse donc pénétrer de plus en plus l'action du christianisme parmi les nègres d'Afrique. Ceux-ci mettront ainsi eux-mêmes un terme aux horreurs de la traite dont ils sont les victimes, et cette bienfaisante révolution sera une des applications les plus saisissantes de la divine parole : « Vous » connaîtrez la vérité, et la vérité vous délivrera. »[1]

Je ne sais, mes Frères, si, en m'écoutant, vous avez eu l'impression que j'ai profondément ressentie tandis que je préparais les éléments de ce discours. Je me demandais si j'étais assez reconnaissant envers Dieu

1. S. Jean, VIII, 32.

d'avoir placé mon berceau dans un pays chrétien; de m'avoir fait accueillir, dès mon entrée dans la vie, par la liberté et par tous les bienfaits de la civilisation; de m'avoir préservé des maux effroyables de l'âme et du corps que l'esclavage inflige à des millions de créatures humaines semblables à moi. Que ce sentiment de gratitude soit aussi très vif en vous, mes chers Frères. Comparez votre sort à celui des infortunés dont je me suis constitué l'avocat devant vous, et vous remercierez la divine Providence avec tout ce que vous avez de cœur et de foi. *Quid retribuam Domino pro omnibus quæ retribuit mihi ?* [1]

Mais que cette juste appréciation du sort privilégié qui vous a été fait ne vous rende pas égoïstes ni oublieux des calamités d'autrui. Traduisez votre reconnaissance envers Dieu par un dévouement généreux et effectif envers ces déshérités de la famille humaine.

Au commencement de ce discours, je vous demandais d'imiter les rois Mages et d'ouvrir vos trésors pour les offrir à l'Enfant Jésus dans la personne des pauvres nègres. Je vous renouvelle cette invitation. Ces princes de l'Orient, guidés jusqu'en Judée par une étoile mystérieuse, présentèrent au fils de Marie de l'or, de l'encens et de la myrrhe.

Si vous le pouvez, donnez de l'or; et si vous ne le pouvez pas, donnez de grand cœur la petite pièce d'argent ou de cuivre que Dieu agréera à cause de votre intention. [2]

1. Ps. cxv, 12.
2. Marc, xii, 42.

Donnez encore à cette cause de l'abolition de l'esclavage l'encens qui figure la prière. Vainement les hommes travailleraient à résoudre ce douloureux problème, si Dieu n'inspirait, ne guidait, ne soutenait leurs efforts. Priez-le de faire disparaitre du monde ce fléau et ce scandale, et de bénir très abondamment tous ceux qui s'emploieront à cette œuvre.

Reste enfin la myrrhe. Souvent les Pères et les Docteurs, dans leurs commentaires de l'Évangile, la représentent comme un symbole de la pénitence qui doit s'ajouter à la prière et à la charité.

Je ne crois pas m'écarter trop de leur esprit en vous disant : devant les crimes et les douleurs qui font cortège à l'esclavage, offrez au divin Sauveur la myrrhe de l'indignation.

Dans sa conférence à Sainte-Gudule de Bruxelles, le cardinal Lavigerie a dit une grande parole que j'ai soulignée et dont j'ai résolu de faire l'épigraphe de mon discours :

POUR SAUVER L'AFRIQUE INTÉRIEURE, IL FAUT SOULEVER LA COLÈRE DU MONDE.

Mes Frères, il y a de saintes colères; il y a des indignations non seulement légitimes et permises, mais voulues de Dieu, et c'est manquer à son devoir que de ne les point éprouver. Je plains de toute mon âme ceux qui ne savent pas s'indigner devant les attentats et les triomphes de l'iniquité; qui demeurent froids et indifférents en face du mal; qui ne sont pas émus, profondément émus, quand les événements de la vie les

mettent en contact avec ceux qui souffrent persécu-
tion.

Saint Paul félicitait les Corinthiens d'avoir ressenti
de la tristesse et de l'indignation[1]; et, dans beaucoup
de cas, je le répète, ces sentiments sont dans l'ordre
et Dieu les attend de nous. Ils deviennent alors une
forme aiguë et singulièrement éloquente de cette prière
qu'il nous a été prescrit de faire monter tous les jours
vers notre Père qui est aux cieux : Seigneur, que
votre règne arrive ! *Adveniat regnum tuum.*

Un poète de l'ancienne Rome, qui a vigoureusement
flagellé les vices de son temps, disait qu'à défaut d'autre
muse, l'indignation dont il était pénétré lui avait dicté
ses vers :

........Facit indignatio versum.[2]

J'adjure tous les chrétiens du monde, et avec eux
tous les hommes de conscience droite, de s'unir dans
une indignation immense, mais effective, qui se traduise
par des efforts et par des sacrifices, afin de lutter avec
une suprême énergie contre l'abominable traite des noirs
d'Afrique ! Peut-être alors sera-t-il donné au siècle qui
suivra le nôtre d'écrire le poème splendide qui sera
intitulé : l'abolition définitive de l'esclavage.

A ce siècle, que je salue d'avance de mes plus
intenses désirs, s'appliquera la magnifique prophétie
d'Isaïe :

1. II Cor. VII, 11.
2. Juv. Sat. I, v. 79.

« Lorsque tu auras brisé la dernière chaine, ta lumière
» grandira et tu seras appelé le réparateur des ruines :
» *Si abstuleris catenam a medio tui..., orietur lux tua et*
» *vocaberis ædificator sepium.* » [1]

Glorieuse Épiphanie de justice et de liberté : heureux
ceux qui te verront ! Il me semble les entendre redire,
comme cantique d'action de grâces, le chant joyeux
des anges sur la crèche de Bethléem : « Gloire à Dieu
» au plus haut des cieux et paix sur la terre aux
» hommes de bonne volonté ! » [2]

1. Is. LVIII, 9.
2. Luc, II, 14.

CONSEIL

DE LA

SOCIÉTÉ ANTIESCLAVAGISTE DE FRANCE

Directeur général :

S. G. Mgr BRINCAT, évêque d'Adrumète.

MM. Jules SIMON, de l'Académie française, secrétaire perpétuel de l'Académie des sciences morales et politiques, sénateur, *Président.*

WALLON, secrétaire perpétuel de l'Académie des inscriptions et belles-lettres, sénateur, *Vice-Président.*

PICOT (Georges), membre de l'Institut, *Vice-Président.*

LEFÉVRE-PONTALIS, membre de l'Institut, ancien député, *Secrétaire général.*

Mgr LAGRANGE, évêque de Chartres.

BARDOUX, ancien ministre, sénateur, membre de l'Institut.

COCHIN (Denys), député et membre du Conseil municipal de Paris.

DESJARDINS (Arthur), membre de l'Institut.

DUVAL (Ferdinand), membre du Conseil municipal de Paris.

GAMARD, membre du Conseil municipal de Paris.

HEURTEAU, publiciste.

LACOINTA, avocat à la Cour d'appel de Paris.

LAMY (Étienne), ancien député.

LEFÉBURE, ancien sous-secrétaire d'État.

PETIT, conseiller à la Cour de cassation.

EXTRAIT

DU RÈGLEMENT DE LA SOCIÉTÉ ANTIESCLAVAGISTE

ARTICLE 1er. — La Société antiesclavagiste créée à Paris, est destinée à procurer l'abolition de l'esclavage en Afrique et plus particulièrement dans les territoires placés sous l'influence de la France et dans ceux qui ne dépendent d'aucune puissance européenne.

Cette Société est exclusivement nationale; néanmoins, elle entretient des relations de confraternité et de mutuel appui avec les sociétés antiesclavagistes actuellement existantes ou qui pourront se fonder plus tard dans d'autres pays chétiens, et aussi avec les diverses sociétés de missionnaires qui évangélisent l'Afrique.

ART 3. — Des comités locaux d'action et de propagande sont en outre établis, savoir : un ou plusieurs Comités à Paris et un dans chacune des principales villes de France.

ART. 4. — Les Comités locaux ont pour mission, sous la direction du Conseil central d'administration de Paris, de provoquer les dévouements personnels, les souscriptions individuelles et de prendre les autres moyens que suggérera un zèle éclairé pour arriver le plus tôt possible à l'extinction de l'esclavage.

ART. 5. — Les moyens à prendre en Afrique par la Société antiesclavagiste pour arriver au but qu'elle poursuit doivent avoir exclusivement un caractère pacifique. Si la Société est appelée à appuyer par la force des mesures d'un autre ordre, décrétées par les autorités établies, ce doit être en évitant autant que possible l'effusion du sang, sauf le cas de légitime défense.

ART. 7. — La Société antiesclavagiste a, en outre, pour but d'aider les noirs arrachés par elle à l'esclavage à gagner désormais librement leur vie et à se constituer en société régulière.

ART. 8. — On est membre fondateur de la Société antiesclavagiste lorsqu'on s'est engagé à verser une souscription de cent francs par an, ou une somme une fois donnée de cinq cents francs.

On est membre ordinaire de l'Œuvre lorsqu'on donne une somme annuelle de vingt francs.

La Société antiesclavagiste publie un Bulletin dont le prix est de cinq francs par an.

Les offrandes, souscriptions et autres communications doivent être adressées à M. le Directeur de la Société antiesclavagiste, 108, rue du Bac, à Paris.

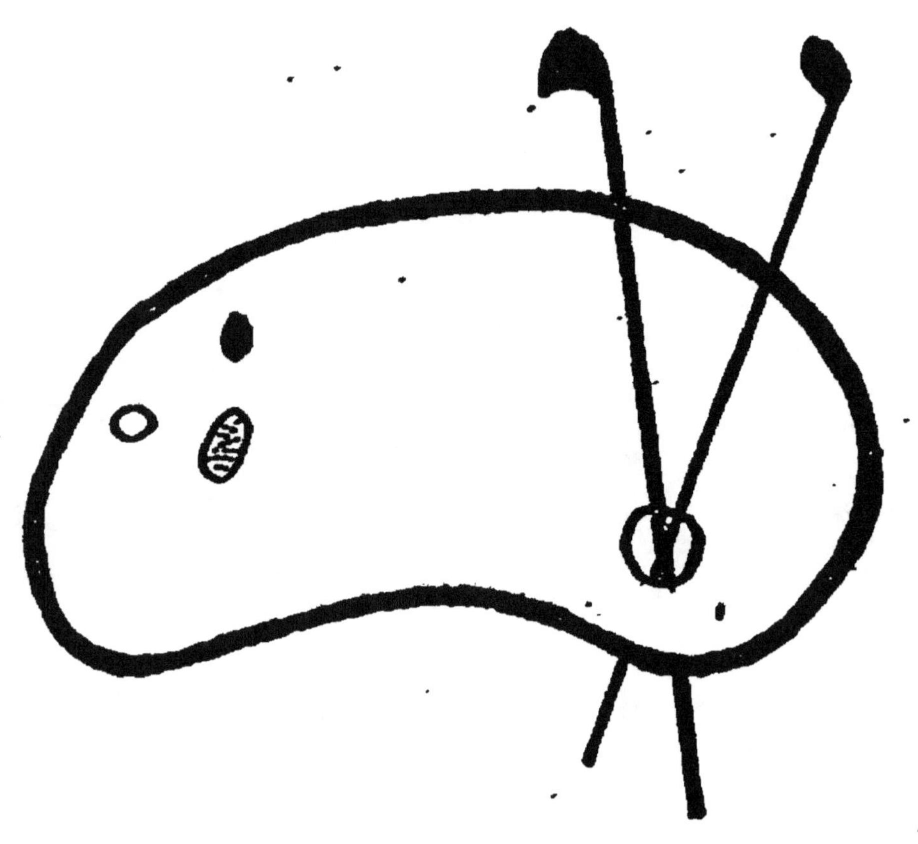

ORIGINAL EN COULEUR

NF Z 43-120-8